Password Log

Web Address | Username

NOTES

DAILY PLAN

DATE: _____

APPOINTMENTS:

M T W T F S S

—:— _____
—:— _____
—:— _____
—:— _____

TODAYS GOALS:

1
2
3
4
5

MENU:

TO DO LIST:

- ☐ _____
- ☐ _____
- ☐ _____
- ☐ _____
- ☐ _____
- ☐ _____
- ☐ _____
- ☐ _____
- ☐ _____
- ☐ _____
- ☐ _____
- ☐ _____

NOTES:

NOTES

DAILY PLAN

DATE: _____

APPOINTMENTS:

M T W T F S S

__:__ _____
__:__ _____
__:__ _____
__:__ _____

TODAYS GOALS:

1 _____
2 _____
3 _____
4 _____
5 _____

MENU:

TO DO LIST:

- [ ] _____
- [ ] _____
- [ ] _____
- [ ] _____
- [ ] _____
- [ ] _____
- [ ] _____
- [ ] _____
- [ ] _____
- [ ] _____
- [ ] _____
- [ ] _____

NOTES:

NOTES

DAILY PLAN

DATE: _____

APPOINTMENTS:

M T W T F S S

__:__ _____

__:__ _____

__:__ _____

__:__ _____

TODAYS GOALS:

1
2
3
4
5

MENU:

TO DO LIST:

- ☐ _____
- ☐ _____
- ☐ _____
- ☐ _____
- ☐ _____
- ☐ _____
- ☐ _____
- ☐ _____
- ☐ _____
- ☐ _____
- ☐ _____
- ☐ _____

NOTES:

NOTES

DAILY PLAN

DATE: _____

APPOINTMENTS:

M T W T F S S

___:___ _____
___:___ _____
___:___ _____
___:___ _____

TODAYS GOALS:

1 _____
2 _____
3 _____
4 _____
5 _____

MENU:

TO DO LIST:

☐ _____
☐ _____
☐ _____
☐ _____
☐ _____
☐ _____
☐ _____
☐ _____
☐ _____
☐ _____
☐ _____
☐ _____

NOTES:

NOTES

DAILY PLAN

DATE: _____

APPOINTMENTS:

M T W T F S S

__:__ _____
__:__ _____
__:__ _____
__:__ _____

TODAYS GOALS:

1 _____
2 _____
3 _____
4 _____
5 _____

MENU:

TO DO LIST:

- ☐ _____
- ☐ _____
- ☐ _____
- ☐ _____
- ☐ _____
- ☐ _____
- ☐ _____
- ☐ _____
- ☐ _____
- ☐ _____
- ☐ _____
- ☐ _____

NOTES:

NOTES

DAILY PLAN

DATE: _____

APPOINTMENTS:

M T W T F S S

__:__ _____
__:__ _____
__:__ _____
__:__ _____

TODAYS GOALS:

1 _____
2 _____
3 _____
4 _____
5 _____

MENU:

TO DO LIST:

☐ _____
☐ _____
☐ _____
☐ _____
☐ _____
☐ _____
☐ _____
☐ _____
☐ _____
☐ _____
☐ _____
☐ _____

NOTES:

NOTES

DAILY PLAN

DATE: _____

APPOINTMENTS:

M T W T F S S

—:— _____
—:— _____
—:— _____
—:— _____

TODAYS GOALS:

1 _____
2 _____
3 _____
4 _____
5 _____

MENU:

TO DO LIST:

- ☐ _____
- ☐ _____
- ☐ _____
- ☐ _____
- ☐ _____
- ☐ _____
- ☐ _____
- ☐ _____
- ☐ _____
- ☐ _____
- ☐ _____
- ☐ _____

NOTES:

NOTES

DAILY PLAN

DATE: _____

APPOINTMENTS:

M T W T F S S

__:__ _____

__:__ _____

__:__ _____

__:__ _____

TODAYS GOALS:

1

2

3

4

5

MENU:

TO DO LIST:

☐ _____

☐ _____

☐ _____

☐ _____

☐ _____

☐ _____

☐ _____

☐ _____

☐ _____

☐ _____

☐ _____

☐ _____

NOTES:

NOTES

DAILY PLAN

DATE: _____

M T W T F S S

TODAYS GOALS:

1
2
3
4
5

TO DO LIST:

☐ _____
☐ _____
☐ _____
☐ _____
☐ _____
☐ _____
☐ _____
☐ _____
☐ _____
☐ _____
☐ _____
☐ _____

APPOINTMENTS:

__:__ _____
__:__ _____
__:__ _____
__:__ _____

MENU:

NOTES:

NOTES

DAILY PLAN

DATE: _____

APPOINTMENTS:

M T W T F S S

__:__ _____
__:__ _____
__:__ _____
__:__ _____

TODAYS GOALS:

1 _____
2 _____
3 _____
4 _____
5 _____

MENU:

TO DO LIST:

☐ _____
☐ _____
☐ _____
☐ _____
☐ _____
☐ _____
☐ _____
☐ _____
☐ _____
☐ _____
☐ _____
☐ _____

NOTES:

NOTES

DAILY PLAN

DATE: _____

APPOINTMENTS:

M T W T F S S

__:__ _____
__:__ _____
__:__ _____
__:__ _____

TODAYS GOALS:

1
2
3
4
5

MENU:

TO DO LIST:

☐ _____
☐ _____
☐ _____
☐ _____
☐ _____
☐ _____
☐ _____
☐ _____
☐ _____
☐ _____
☐ _____
☐ _____

NOTES:

NOTES

DAILY PLAN

DATE: _____

APPOINTMENTS:

M T W T F S S

__:__ _____
__:__ _____
__:__ _____
__:__ _____

TODAYS GOALS:

1
2
3
4
5

MENU:

TO DO LIST:

☐ _____
☐ _____
☐ _____
☐ _____
☐ _____
☐ _____
☐ _____
☐ _____
☐ _____
☐ _____
☐ _____
☐ _____

NOTES:

NOTES

DAILY PLAN

DATE: _____

APPOINTMENTS:

M T W T F S S

__:__ _____

__:__ _____

__:__ _____

__:__ _____

TODAYS GOALS:

1 _____

2 _____

3 _____

4 _____

5 _____

MENU:

TO DO LIST:

☐ _____

☐ _____

☐ _____

☐ _____

☐ _____

☐ _____

☐ _____

☐ _____

☐ _____

☐ _____

☐ _____

☐ _____

NOTES:

NOTES

DAILY PLAN

DATE: _____

APPOINTMENTS:

M T W T F S S

__:__ _____

__:__ _____

__:__ _____

__:__ _____

TODAYS GOALS:

1. _____
2. _____
3. _____
4. _____
5. _____

MENU:

TO DO LIST:

☐ _____
☐ _____
☐ _____
☐ _____
☐ _____
☐ _____
☐ _____
☐ _____
☐ _____
☐ _____
☐ _____
☐ _____

NOTES:

NOTES

DAILY PLAN

DATE: _____

M T W T F S S

TODAYS GOALS:

1 _____
2 _____
3 _____
4 _____
5 _____

TO DO LIST:

- ☐ _____
- ☐ _____
- ☐ _____
- ☐ _____
- ☐ _____
- ☐ _____
- ☐ _____
- ☐ _____
- ☐ _____
- ☐ _____
- ☐ _____
- ☐ _____

APPOINTMENTS:

__:__ _____
__:__ _____
__:__ _____
__:__ _____

MENU:

NOTES:

NOTES

DAILY PLAN

DATE: _____

APPOINTMENTS:

M T W T F S S

__:__ _____
__:__ _____
__:__ _____
__:__ _____

TODAYS GOALS:

1
2
3
4
5

MENU:

TO DO LIST:

☐ _____
☐ _____
☐ _____
☐ _____
☐ _____
☐ _____
☐ _____
☐ _____
☐ _____
☐ _____
☐ _____
☐ _____

NOTES:

NOTES

DAILY PLAN

DATE: _____

APPOINTMENTS:

M T W T F S S

__:__ _____
__:__ _____
__:__ _____
__:__ _____

TODAYS GOALS:

1 _____
2 _____
3 _____
4 _____
5 _____

MENU:

TO DO LIST:

☐ _____
☐ _____
☐ _____
☐ _____
☐ _____
☐ _____
☐ _____
☐ _____
☐ _____
☐ _____
☐ _____
☐ _____

NOTES:

NOTES

DAILY PLAN

DATE: _____

APPOINTMENTS:

M T W T F S S

__:__ _____
__:__ _____
__:__ _____
__:__ _____

TODAYS GOALS:

1
2
3
4
5

MENU:

TO DO LIST:

☐ _____
☐ _____
☐ _____
☐ _____
☐ _____
☐ _____
☐ _____
☐ _____
☐ _____
☐ _____
☐ _____
☐ _____

NOTES:

NOTES

DAILY PLAN

DATE: _____

APPOINTMENTS:

M T W T F S S

—:— _____
—:— _____
—:— _____
—:— _____

TODAYS GOALS:

1
2
3
4
5

MENU:

TO DO LIST:

☐ _____
☐ _____
☐ _____
☐ _____
☐ _____
☐ _____
☐ _____
☐ _____
☐ _____
☐ _____
☐ _____
☐ _____

NOTES:

NOTES

DAILY PLAN

DATE: _____

APPOINTMENTS:

M T W T F S S

__:__ _____
__:__ _____
__:__ _____
__:__ _____

TODAYS GOALS:

1
2
3
4
5

MENU:

TO DO LIST:

☐ _____
☐ _____
☐ _____
☐ _____
☐ _____
☐ _____
☐ _____
☐ _____
☐ _____
☐ _____
☐ _____
☐ _____

NOTES:

NOTES

DAILY PLAN

DATE: _____

APPOINTMENTS:

M T W T F S S

__:__ _____
__:__ _____
__:__ _____
__:__ _____

TODAYS GOALS:

1 _____
2 _____
3 _____
4 _____
5 _____

MENU:

TO DO LIST:

☐ _____
☐ _____
☐ _____
☐ _____
☐ _____
☐ _____
☐ _____
☐ _____
☐ _____
☐ _____
☐ _____

NOTES:

NOTES

DAILY PLAN

DATE: _____

APPOINTMENTS:

M T W T F S S

__:__ _____
__:__ _____
__:__ _____
__:__ _____

TODAYS GOALS:
1
2
3
4
5

MENU:

TO DO LIST:

- ☐ _____
- ☐ _____
- ☐ _____
- ☐ _____
- ☐ _____
- ☐ _____
- ☐ _____
- ☐ _____
- ☐ _____
- ☐ _____
- ☐ _____
- ☐ _____

NOTES:

NOTES

DAILY PLAN

DATE: _____

APPOINTMENTS:

M T W T F S S

__:__ _____
__:__ _____
__:__ _____
__:__ _____

TODAYS GOALS:

1 _____
2 _____
3 _____
4 _____
5 _____

MENU:

TO DO LIST:

☐ _____
☐ _____
☐ _____
☐ _____
☐ _____
☐ _____
☐ _____
☐ _____
☐ _____
☐ _____
☐ _____
☐ _____

NOTES:

NOTES

DAILY PLAN

DATE: _____

APPOINTMENTS:

M T W T F S S

__:__ _____
__:__ _____
__:__ _____
__:__ _____

TODAYS GOALS:

1.
2.
3.
4.
5.

MENU:

TO DO LIST:

- ☐ _____
- ☐ _____
- ☐ _____
- ☐ _____
- ☐ _____
- ☐ _____
- ☐ _____
- ☐ _____
- ☐ _____
- ☐ _____
- ☐ _____
- ☐ _____

NOTES:

NOTES

DAILY PLAN

DATE: _____

M T W T F S S

TODAYS GOALS:

1
2
3
4
5

TO DO LIST:

☐ _____
☐ _____
☐ _____
☐ _____
☐ _____
☐ _____
☐ _____
☐ _____
☐ _____
☐ _____
☐ _____
☐ _____

APPOINTMENTS:

__:__ _____
__:__ _____
__:__ _____
__:__ _____

MENU:

NOTES:

NOTES

DAILY PLAN

DATE: _____

APPOINTMENTS:

M   T   W   T   F   S   S

__:__ _____
__:__ _____
__:__ _____
__:__ _____

TODAYS GOALS:

1
2
3
4
5

MENU:

TO DO LIST:

- ☐ _____
- ☐ _____
- ☐ _____
- ☐ _____
- ☐ _____
- ☐ _____
- ☐ _____
- ☐ _____
- ☐ _____
- ☐ _____
- ☐ _____
- ☐ _____

NOTES:

NOTES

DAILY PLAN

DATE: _____

APPOINTMENTS:

M T W T F S S

__:__ _____
__:__ _____
__:__ _____
__:__ _____

TODAYS GOALS:

1 _____
2 _____
3 _____
4 _____
5 _____

MENU:

TO DO LIST:

☐ _____
☐ _____
☐ _____
☐ _____
☐ _____
☐ _____
☐ _____
☐ _____
☐ _____
☐ _____
☐ _____
☐ _____

NOTES:

NOTES

DAILY PLAN

DATE: _____

APPOINTMENTS:

M T W T F S S

__:__ _____
__:__ _____
__:__ _____
__:__ _____

TODAYS GOALS:

1
2
3
4
5

MENU:

TO DO LIST:

- ☐ _____
- ☐ _____
- ☐ _____
- ☐ _____
- ☐ _____
- ☐ _____
- ☐ _____
- ☐ _____
- ☐ _____
- ☐ _____
- ☐ _____
- ☐ _____

NOTES:

NOTES

DAILY PLAN

DATE: _____

APPOINTMENTS:

M T W T F S S

___:___ _____
___:___ _____
___:___ _____
___:___ _____

TODAYS GOALS:

1
2
3
4
5

MENU:

TO DO LIST:

☐ _____
☐ _____
☐ _____
☐ _____
☐ _____
☐ _____
☐ _____
☐ _____
☐ _____
☐ _____
☐ _____
☐ _____

NOTES:

NOTES

DAILY PLAN

DATE: _____

APPOINTMENTS:

M T W T F S S

__:__ _____
__:__ _____
__:__ _____
__:__ _____

TODAYS GOALS:
1
2
3
4
5

MENU:

TO DO LIST:

- ☐ _____
- ☐ _____
- ☐ _____
- ☐ _____
- ☐ _____
- ☐ _____
- ☐ _____
- ☐ _____
- ☐ _____
- ☐ _____
- ☐ _____
- ☐ _____

NOTES:

NOTES

DAILY PLAN

DATE: _____

APPOINTMENTS:

M T W T F S S

—:— _____
—:— _____
—:— _____
—:— _____

TODAYS GOALS:

1 _____
2 _____
3 _____
4 _____
5 _____

MENU:

TO DO LIST:

- ☐ _____
- ☐ _____
- ☐ _____
- ☐ _____
- ☐ _____
- ☐ _____
- ☐ _____
- ☐ _____
- ☐ _____
- ☐ _____
- ☐ _____
- ☐ _____

NOTES:

NOTES

DAILY PLAN

DATE: _____

APPOINTMENTS:

M T W T F S S

__:__ _____
__:__ _____
__:__ _____
__:__ _____

TODAYS GOALS:

1
2
3
4
5

MENU:

TO DO LIST:

- [ ] _____
- [ ] _____
- [ ] _____
- [ ] _____
- [ ] _____
- [ ] _____
- [ ] _____
- [ ] _____
- [ ] _____
- [ ] _____
- [ ] _____
- [ ] _____

NOTES:

NOTES

DAILY PLAN

DATE: _____

APPOINTMENTS:

M T W T F S S

__:__ _____
__:__ _____
__:__ _____
__:__ _____

TODAYS GOALS:

1 _____
2 _____
3 _____
4 _____
5 _____

MENU:

TO DO LIST:

☐ _____
☐ _____
☐ _____
☐ _____
☐ _____
☐ _____
☐ _____
☐ _____
☐ _____
☐ _____
☐ _____
☐ _____

NOTES:

NOTES

DAILY PLAN

DATE: _____

M T W T F S S

APPOINTMENTS:

__:__ _____
__:__ _____
__:__ _____
__:__ _____

| TODAYS GOALS: |
| 1 |
| 2 |
| 3 |
| 4 |
| 5 |

MENU:

TO DO LIST:

- ☐ _____
- ☐ _____
- ☐ _____
- ☐ _____
- ☐ _____
- ☐ _____
- ☐ _____
- ☐ _____
- ☐ _____
- ☐ _____
- ☐ _____
- ☐ _____

NOTES:

NOTES

DAILY PLAN

DATE: _____

APPOINTMENTS:

M T W T F S S

___:___ _____
___:___ _____
___:___ _____
___:___ _____

TODAYS GOALS:

1 _____
2 _____
3 _____
4 _____
5 _____

MENU:

TO DO LIST:

☐ _____
☐ _____
☐ _____
☐ _____
☐ _____
☐ _____
☐ _____
☐ _____
☐ _____
☐ _____
☐ _____
☐ _____

NOTES:

NOTES

DAILY PLAN

DATE: _____

APPOINTMENTS:

M T W T F S S

__:__ _____
__:__ _____
__:__ _____
__:__ _____

TODAYS GOALS:

1
2
3
4
5

MENU:

TO DO LIST:

☐ _____
☐ _____
☐ _____
☐ _____
☐ _____
☐ _____
☐ _____
☐ _____
☐ _____
☐ _____
☐ _____
☐ _____

NOTES:

NOTES

DAILY PLAN

DATE: _____

APPOINTMENTS:

M T W T F S S

__:__ _____
__:__ _____
__:__ _____
__:__ _____

TODAYS GOALS:

1
2
3
4
5

MENU:

TO DO LIST:

☐ _____
☐ _____
☐ _____
☐ _____
☐ _____
☐ _____
☐ _____
☐ _____
☐ _____
☐ _____
☐ _____
☐ _____

NOTES:

NOTES

DAILY PLAN

DATE: _____

APPOINTMENTS:

M T W T F S S

__:__ _____
__:__ _____
__:__ _____
__:__ _____

TODAYS GOALS:

1
2
3
4
5

MENU:

TO DO LIST:

☐ _____
☐ _____
☐ _____
☐ _____
☐ _____
☐ _____
☐ _____
☐ _____
☐ _____
☐ _____
☐ _____
☐ _____

NOTES:

NOTES

DAILY PLAN

DATE: _____

APPOINTMENTS:

M T W T F S S

—:— _____
—:— _____
—:— _____
—:— _____

TODAYS GOALS:

1
2
3
4
5

MENU:

TO DO LIST:

☐ _____
☐ _____
☐ _____
☐ _____
☐ _____
☐ _____
☐ _____
☐ _____
☐ _____
☐ _____
☐ _____
☐ _____

NOTES:

NOTES

DAILY PLAN

DATE: _____

APPOINTMENTS:

M   T   W   T   F   S   S

__:__ _____
__:__ _____
__:__ _____
__:__ _____

TODAYS GOALS:

1
2
3
4
5

MENU:

TO DO LIST:

- [ ] _____
- [ ] _____
- [ ] _____
- [ ] _____
- [ ] _____
- [ ] _____
- [ ] _____
- [ ] _____
- [ ] _____
- [ ] _____
- [ ] _____
- [ ] _____

NOTES:

NOTES

DAILY PLAN

DATE: _____   APPOINTMENTS:

M T W T F S S

___:___ _____
___:___ _____
___:___ _____
___:___ _____

TODAYS GOALS:

1 _____
2 _____
3 _____
4 _____
5 _____

MENU:

TO DO LIST:

☐ _____
☐ _____
☐ _____
☐ _____
☐ _____
☐ _____
☐ _____
☐ _____
☐ _____
☐ _____
☐ _____
☐ _____

NOTES:

NOTES

DAILY PLAN

DATE: _____

APPOINTMENTS:

M T W T F S S

__:__ _____
__:__ _____
__:__ _____
__:__ _____

TODAYS GOALS:
1
2
3
4
5

MENU:

TO DO LIST:

☐ _____
☐ _____
☐ _____
☐ _____
☐ _____
☐ _____
☐ _____
☐ _____
☐ _____
☐ _____
☐ _____
☐ _____

NOTES:

NOTES

DAILY PLAN

DATE: _____

M T W T F S S

__:__ _____

__:__ _____

__:__ _____

__:__ _____

TODAYS GOALS:

1 _____
2 _____
3 _____
4 _____
5 _____

MENU:

TO DO LIST:

☐ _____
☐ _____
☐ _____
☐ _____
☐ _____
☐ _____
☐ _____
☐ _____
☐ _____
☐ _____
☐ _____
☐ _____

NOTES:

NOTES

DAILY PLAN

DATE: _____

APPOINTMENTS:

M T W T F S S

__:__ _____
__:__ _____
__:__ _____
__:__ _____

TODAYS GOALS:

1
2
3
4
5

MENU:

TO DO LIST:

☐ _____
☐ _____
☐ _____
☐ _____
☐ _____
☐ _____
☐ _____
☐ _____
☐ _____
☐ _____
☐ _____
☐ _____

NOTES:

NOTES

DAILY PLAN

DATE: _____

APPOINTMENTS:

M T W T F S S

__:__ _____
__:__ _____
__:__ _____
__:__ _____

TODAYS GOALS:

1 _____
2 _____
3 _____
4 _____
5 _____

MENU:

TO DO LIST:

☐ _____
☐ _____
☐ _____
☐ _____
☐ _____
☐ _____
☐ _____
☐ _____
☐ _____
☐ _____
☐ _____
☐ _____

NOTES:

NOTES

DAILY PLAN

DATE: _____

APPOINTMENTS:

M T W T F S S

__:__ _____
__:__ _____
__:__ _____
__:__ _____

TODAYS GOALS:

1
2
3
4
5

MENU:

TO DO LIST:

☐ _____
☐ _____
☐ _____
☐ _____
☐ _____
☐ _____
☐ _____
☐ _____
☐ _____
☐ _____
☐ _____
☐ _____

NOTES:

NOTES

DAILY PLAN

DATE: _____

APPOINTMENTS:

M T W T F S S

__:__ _____
__:__ _____
__:__ _____
__:__ _____

TODAYS GOALS:

1 _____
2 _____
3 _____
4 _____
5 _____

MENU:

TO DO LIST:

☐ _____
☐ _____
☐ _____
☐ _____
☐ _____
☐ _____
☐ _____
☐ _____
☐ _____
☐ _____
☐ _____
☐ _____

NOTES:

NOTES

DAILY PLAN

DATE: _____

APPOINTMENTS:

M T W T F S S

__:__ _____
__:__ _____
__:__ _____
__:__ _____

TODAYS GOALS:

1
2
3
4
5

MENU:

TO DO LIST:

☐ _____
☐ _____
☐ _____
☐ _____
☐ _____
☐ _____
☐ _____
☐ _____
☐ _____
☐ _____
☐ _____
☐ _____

NOTES:

NOTES

DAILY PLAN

DATE: _____

M T W T F S S

APPOINTMENTS:

__:__ _____
__:__ _____
__:__ _____
__:__ _____

TODAYS GOALS:

1 _____
2 _____
3 _____
4 _____
5 _____

MENU:

TO DO LIST:

☐ _____
☐ _____
☐ _____
☐ _____
☐ _____
☐ _____
☐ _____
☐ _____
☐ _____
☐ _____
☐ _____
☐ _____

NOTES:

NOTES

DAILY PLAN

DATE: _____

APPOINTMENTS:

M T W T F S S

__:__ _____
__:__ _____
__:__ _____
__:__ _____

TODAYS GOALS:

1
2
3
4
5

MENU:

TO DO LIST:

☐ _____
☐ _____
☐ _____
☐ _____
☐ _____
☐ _____
☐ _____
☐ _____
☐ _____
☐ _____
☐ _____
☐ _____

NOTES:

NOTES

DAILY PLAN

DATE: _____

APPOINTMENTS:

M T W T F S S

—:— _____
—:— _____
—:— _____
—:— _____

TODAYS GOALS:

1 _____
2 _____
3 _____
4 _____
5 _____

MENU:

TO DO LIST:

☐ _____
☐ _____
☐ _____
☐ _____
☐ _____
☐ _____
☐ _____
☐ _____
☐ _____
☐ _____
☐ _____
☐ _____

NOTES:

NOTES

DAILY PLAN

DATE: _____

APPOINTMENTS:

M T W T F S S

__:__ _____
__:__ _____
__:__ _____
__:__ _____

TODAYS GOALS:

1
2
3
4
5

MENU:

TO DO LIST:

- ☐ _____
- ☐ _____
- ☐ _____
- ☐ _____
- ☐ _____
- ☐ _____
- ☐ _____
- ☐ _____
- ☐ _____
- ☐ _____
- ☐ _____
- ☐ _____

NOTES:

NOTES

DAILY PLAN

DATE: _____

APPOINTMENTS:

M T W T F S S

__:__ _____

__:__ _____

__:__ _____

__:__ _____

TODAYS GOALS:

1
2
3
4
5

MENU:

TO DO LIST:

- [ ] _____
- [ ] _____
- [ ] _____
- [ ] _____
- [ ] _____
- [ ] _____
- [ ] _____
- [ ] _____
- [ ] _____
- [ ] _____
- [ ] _____
- [ ] _____

NOTES:

NOTES

DAILY PLAN

DATE: _____

APPOINTMENTS:

M T W T F S S

__:__ _____
__:__ _____
__:__ _____
__:__ _____

TODAYS GOALS:

1 _____
2 _____
3 _____
4 _____
5 _____

MENU:

TO DO LIST:

- ☐ _____
- ☐ _____
- ☐ _____
- ☐ _____
- ☐ _____
- ☐ _____
- ☐ _____
- ☐ _____
- ☐ _____
- ☐ _____
- ☐ _____
- ☐ _____

NOTES:

NOTES

DAILY PLAN

DATE: _____

APPOINTMENTS:

M T W T F S S

—:— _____
—:— _____
—:— _____
—:— _____

TODAYS GOALS:

1
2
3
4
5

MENU:

TO DO LIST:

☐ _____
☐ _____
☐ _____
☐ _____
☐ _____
☐ _____
☐ _____
☐ _____
☐ _____
☐ _____
☐ _____
☐ _____

NOTES:

NOTES

DAILY PLAN

DATE: _____

APPOINTMENTS:

M T W T F S S

__:__ _____
__:__ _____
__:__ _____
__:__ _____

TODAYS GOALS:

1
2
3
4
5

MENU:

TO DO LIST:

☐ _____
☐ _____
☐ _____
☐ _____
☐ _____
☐ _____
☐ _____
☐ _____
☐ _____
☐ _____
☐ _____
☐ _____

NOTES:

NOTES

DAILY PLAN

DATE: _____

APPOINTMENTS:

M T W T F S S

__:__ _____

__:__ _____

TODAYS GOALS:

1 _____

2 _____

3 _____

4 _____

5 _____

__:__ _____

__:__ _____

MENU:

TO DO LIST:

☐ _____

☐ _____

☐ _____

☐ _____

☐ _____

☐ _____

☐ _____

☐ _____

☐ _____

☐ _____

☐ _____

☐ _____

NOTES:

NOTES

DAILY PLAN

DATE: _____

APPOINTMENTS:

M T W T F S S

__:__ _____
__:__ _____
__:__ _____
__:__ _____

TODAYS GOALS:

1
2
3
4
5

MENU:

TO DO LIST:

- [ ] _____
- [ ] _____
- [ ] _____
- [ ] _____
- [ ] _____
- [ ] _____
- [ ] _____
- [ ] _____
- [ ] _____
- [ ] _____
- [ ] _____
- [ ] _____

NOTES:

NOTES

DAILY PLAN

DATE: _____

APPOINTMENTS:

M T W T F S S

—:— _____
—:— _____
—:— _____
—:— _____

TODAYS GOALS:

1 _____
2 _____
3 _____
4 _____
5 _____

MENU:

TO DO LIST:

- [ ] _____
- [ ] _____
- [ ] _____
- [ ] _____
- [ ] _____
- [ ] _____
- [ ] _____
- [ ] _____
- [ ] _____
- [ ] _____
- [ ] _____
- [ ] _____

NOTES:

NOTES

DAILY PLAN

DATE: _____

APPOINTMENTS:

M T W T F S S

__:__ _____
__:__ _____
__:__ _____
__:__ _____

TODAYS GOALS:

1
2
3
4
5

MENU:

TO DO LIST:

☐ _____
☐ _____
☐ _____
☐ _____
☐ _____
☐ _____
☐ _____
☐ _____
☐ _____
☐ _____
☐ _____
☐ _____

NOTES:

NOTES

DAILY PLAN

DATE: _____

APPOINTMENTS:

M T W T F S S

__:__ _____
__:__ _____
__:__ _____
__:__ _____

TODAYS GOALS:

1 _____
2 _____
3 _____
4 _____
5 _____

MENU:

TO DO LIST:

☐ _____
☐ _____
☐ _____
☐ _____
☐ _____
☐ _____
☐ _____
☐ _____
☐ _____
☐ _____
☐ _____
☐ _____

NOTES:

NOTES

DAILY PLAN

DATE: _____

M T W T F S S

TODAYS GOALS:
1
2
3
4
5

TO DO LIST:
☐ _____
☐ _____
☐ _____
☐ _____
☐ _____
☐ _____
☐ _____
☐ _____
☐ _____
☐ _____
☐ _____
☐ _____

APPOINTMENTS:

__:__ _____
__:__ _____
__:__ _____
__:__ _____

MENU:

NOTES:

NOTES

DAILY PLAN

DATE: _____

APPOINTMENTS:

M T W T F S S

__:__ _____
__:__ _____
__:__ _____
__:__ _____

TODAYS GOALS:

1 _____
2 _____
3 _____
4 _____
5 _____

MENU:

TO DO LIST:

☐ _____
☐ _____
☐ _____
☐ _____
☐ _____
☐ _____
☐ _____
☐ _____
☐ _____
☐ _____
☐ _____
☐ _____

NOTES:

NOTES

DAILY PLAN

DATE: _____

M T W T F S S

TODAYS GOALS:

TO DO LIST:

☐ _____
☐ _____
☐ _____
☐ _____
☐ _____
☐ _____
☐ _____
☐ _____
☐ _____
☐ _____
☐ _____
☐ _____

APPOINTMENTS:

__:__ _____
__:__ _____
__:__ _____
__:__ _____

MENU:

NOTES:

NOTES

DAILY PLAN

DATE: _____

M T W T F S S

TODAYS GOALS:

1
2
3
4
5

TO DO LIST:

☐ _____
☐ _____
☐ _____
☐ _____
☐ _____
☐ _____
☐ _____
☐ _____
☐ _____
☐ _____
☐ _____
☐ _____

APPOINTMENTS:

__:__ _____
__:__ _____
__:__ _____
__:__ _____

MENU:

NOTES:

NOTES

DAILY PLAN

DATE: _____

APPOINTMENTS:

M T W T F S S

—:— _____
—:— _____
—:— _____
—:— _____

TODAYS GOALS:

1 _____
2 _____
3 _____
4 _____
5 _____

MENU:

TO DO LIST:

- ☐ _____
- ☐ _____
- ☐ _____
- ☐ _____
- ☐ _____
- ☐ _____
- ☐ _____
- ☐ _____
- ☐ _____
- ☐ _____
- ☐ _____
- ☐ _____

NOTES:

NOTES

DAILY PLAN

DATE: _____

APPOINTMENTS:

M T W T F S S

__:__ _____
__:__ _____
__:__ _____
__:__ _____

TODAYS GOALS:

1 _____
2 _____
3 _____
4 _____
5 _____

MENU:

TO DO LIST:

☐ _____
☐ _____
☐ _____
☐ _____
☐ _____
☐ _____
☐ _____
☐ _____
☐ _____
☐ _____
☐ _____
☐ _____

NOTES:

NOTES

DAILY PLAN

DATE: _____   APPOINTMENTS:

M T W T F S S   __:__ _____

TODAYS GOALS: __:__ _____

1 _____   __:__ _____
2 _____   __:__ _____
3 _____
4 _____   MENU:
5 _____

TO DO LIST:

☐ _____
☐ _____
☐ _____
☐ _____
☐ _____
☐ _____
☐ _____
☐ _____   NOTES:
☐ _____
☐ _____
☐ _____
☐ _____

NOTES

DAILY PLAN

DATE: _____

APPOINTMENTS:

M T W T F S S

__:__ _____
__:__ _____
__:__ _____
__:__ _____

TODAYS GOALS:

1 _____
2 _____
3 _____
4 _____
5 _____

MENU:

TO DO LIST:

☐ _____
☐ _____
☐ _____
☐ _____
☐ _____
☐ _____
☐ _____
☐ _____
☐ _____
☐ _____
☐ _____
☐ _____

NOTES:

NOTES

DAILY PLAN

DATE: _____

APPOINTMENTS:

M T W T F S S

__:__ _____
__:__ _____
__:__ _____
__:__ _____

TODAYS GOALS:

1
2
3
4
5

MENU:

TO DO LIST:

☐ _____
☐ _____
☐ _____
☐ _____
☐ _____
☐ _____
☐ _____
☐ _____
☐ _____
☐ _____
☐ _____
☐ _____

NOTES:

NOTES

DAILY PLAN

DATE: _____

APPOINTMENTS:

M T W T F S S

__:__ _____
__:__ _____
__:__ _____
__:__ _____

TODAYS GOALS:

1 _____
2 _____
3 _____
4 _____
5 _____

MENU:

TO DO LIST:

☐ _____
☐ _____
☐ _____
☐ _____
☐ _____
☐ _____
☐ _____
☐ _____
☐ _____
☐ _____
☐ _____
☐ _____

NOTES:

NOTES

DAILY PLAN

DATE: _____

APPOINTMENTS:

M T W T F S S

__:__ _____
__:__ _____
__:__ _____
__:__ _____

TODAYS GOALS:

1
2
3
4
5

MENU:

TO DO LIST:

- ☐ _____
- ☐ _____
- ☐ _____
- ☐ _____
- ☐ _____
- ☐ _____
- ☐ _____
- ☐ _____
- ☐ _____
- ☐ _____
- ☐ _____
- ☐ _____

NOTES:

NOTES

DAILY PLAN

DATE: _____

APPOINTMENTS:

M T W T F S S

___:___ _____

___:___ _____

TODAYS GOALS:

1
2
3
4
5

___:___ _____

___:___ _____

MENU:

TO DO LIST:

☐ _____
☐ _____
☐ _____
☐ _____
☐ _____
☐ _____
☐ _____
☐ _____
☐ _____
☐ _____
☐ _____
☐ _____

NOTES:

NOTES

DAILY PLAN

DATE: _____   APPOINTMENTS:

M T W T F S S

—:— _____
—:— _____
—:— _____
—:— _____

TODAYS GOALS:
1
2
3
4
5

MENU:

TO DO LIST:

☐ _____
☐ _____
☐ _____
☐ _____
☐ _____
☐ _____
☐ _____
☐ _____
☐ _____
☐ _____
☐ _____
☐ _____

NOTES:

NOTES

DAILY PLAN

DATE: _____

APPOINTMENTS:

M T W T F S S

__:__ _____

__:__ _____

TODAYS GOALS:
1 _____
2 _____
3 _____
4 _____
5 _____

__:__ _____

__:__ _____

MENU:

TO DO LIST:

☐ _____
☐ _____
☐ _____
☐ _____
☐ _____
☐ _____
☐ _____
☐ _____
☐ _____
☐ _____
☐ _____
☐ _____

NOTES:

NOTES

DAILY PLAN

DATE: _____

APPOINTMENTS:

M T W T F S S

__:__ _____
__:__ _____
__:__ _____
__:__ _____

TODAYS GOALS:

1
2
3
4
5

MENU:

TO DO LIST:

- ☐ _____
- ☐ _____
- ☐ _____
- ☐ _____
- ☐ _____
- ☐ _____
- ☐ _____
- ☐ _____
- ☐ _____
- ☐ _____
- ☐ _____
- ☐ _____

NOTES:

NOTES

DAILY PLAN

DATE: _____

APPOINTMENTS:

M T W T F S S

__:__ _____
__:__ _____
__:__ _____
__:__ _____

TODAYS GOALS:

1 _____
2 _____
3 _____
4 _____
5 _____

MENU:

TO DO LIST:

☐ _____
☐ _____
☐ _____
☐ _____
☐ _____
☐ _____
☐ _____
☐ _____
☐ _____
☐ _____
☐ _____
☐ _____

NOTES:

NOTES

DAILY PLAN

DATE: _____

APPOINTMENTS:

M T W T F S S

__:__ _____
__:__ _____
__:__ _____
__:__ _____

TODAYS GOALS:

1
2
3
4
5

MENU:

TO DO LIST:

☐ _____
☐ _____
☐ _____
☐ _____
☐ _____
☐ _____
☐ _____
☐ _____
☐ _____
☐ _____
☐ _____
☐ _____

NOTES:

NOTES

DAILY PLAN

DATE: _____

APPOINTMENTS:

M T W T F S S

__:__ _____
__:__ _____
__:__ _____
__:__ _____

TODAYS GOALS:
1
2
3
4
5

MENU:

TO DO LIST:

- ☐ _____
- ☐ _____
- ☐ _____
- ☐ _____
- ☐ _____
- ☐ _____
- ☐ _____
- ☐ _____
- ☐ _____
- ☐ _____
- ☐ _____
- ☐ _____

NOTES:

NOTES

DAILY PLAN

DATE: _____

APPOINTMENTS:

M T W T F S S

___:___ _____

___:___ _____

___:___ _____

TODAYS GOALS:
1
2
3
4
5

___:___ _____

MENU:

TO DO LIST:

- ☐ _____
- ☐ _____
- ☐ _____
- ☐ _____
- ☐ _____
- ☐ _____
- ☐ _____
- ☐ _____
- ☐ _____
- ☐ _____
- ☐ _____
- ☐ _____

NOTES:

NOTES

DAILY PLAN

DATE: _____

APPOINTMENTS:

M T W T F S S

__:__ _____

__:__ _____

__:__ _____

__:__ _____

TODAYS GOALS:

1 _____
2 _____
3 _____
4 _____
5 _____

MENU:

TO DO LIST:

☐ _____
☐ _____
☐ _____
☐ _____
☐ _____
☐ _____
☐ _____
☐ _____
☐ _____
☐ _____
☐ _____
☐ _____

NOTES:

NOTES

DAILY PLAN

DATE: _____

APPOINTMENTS:

M T W T F S S

__:__ _____
__:__ _____
__:__ _____
__:__ _____

TODAYS GOALS:

1
2
3
4
5

MENU:

TO DO LIST:

☐ _____
☐ _____
☐ _____
☐ _____
☐ _____
☐ _____
☐ _____
☐ _____
☐ _____
☐ _____
☐ _____
☐ _____

NOTES:

NOTES

DAILY PLAN

DATE: _____

APPOINTMENTS:

M   T   W   T   F   S   S

—:— _____
—:— _____
—:— _____
—:— _____

MENU:

TODAYS GOALS:

1 _____
2 _____
3 _____
4 _____
5 _____

TO DO LIST:

☐ _____
☐ _____
☐ _____
☐ _____
☐ _____
☐ _____
☐ _____
☐ _____
☐ _____
☐ _____
☐ _____
☐ _____

NOTES:

NOTES

DAILY PLAN

DATE: _____

APPOINTMENTS:

M T W T F S S

__:__ _____
__:__ _____
__:__ _____
__:__ _____

TODAYS GOALS:

1
2
3
4
5

MENU:

TO DO LIST:

- ☐ _____
- ☐ _____
- ☐ _____
- ☐ _____
- ☐ _____
- ☐ _____
- ☐ _____
- ☐ _____
- ☐ _____
- ☐ _____
- ☐ _____
- ☐ _____

NOTES:

NOTES

DAILY PLAN

DATE: _____

APPOINTMENTS:

M T W T F S S

—:— _____
—:— _____
—:— _____
—:— _____

TODAYS GOALS:

1
2
3
4
5

MENU:

TO DO LIST:

- [ ] _____
- [ ] _____
- [ ] _____
- [ ] _____
- [ ] _____
- [ ] _____
- [ ] _____
- [ ] _____
- [ ] _____
- [ ] _____
- [ ] _____
- [ ] _____

NOTES:

NOTES

DAILY PLAN

DATE: _____

APPOINTMENTS:

M T W T F S S

__:__ _____

__:__ _____

TODAYS GOALS:

1
2
3
4
5

__:__ _____

__:__ _____

MENU:

TO DO LIST:

☐ _____
☐ _____
☐ _____
☐ _____
☐ _____
☐ _____
☐ _____
☐ _____
☐ _____
☐ _____
☐ _____
☐ _____

NOTES:

NOTES

DAILY PLAN

DATE: _____

APPOINTMENTS:

M T W T F S S

___:___ _____
___:___ _____
___:___ _____
___:___ _____

TODAYS GOALS:

1 _____
2 _____
3 _____
4 _____
5 _____

MENU:

TO DO LIST:

☐ _____
☐ _____
☐ _____
☐ _____
☐ _____
☐ _____
☐ _____
☐ _____
☐ _____
☐ _____
☐ _____
☐ _____

NOTES:

NOTES

DAILY PLAN

DATE: _____

APPOINTMENTS:

M T W T F S S

__:__ _____
__:__ _____
__:__ _____
__:__ _____

TODAYS GOALS:

1
2
3
4
5

MENU:

TO DO LIST:

☐ _____
☐ _____
☐ _____
☐ _____
☐ _____
☐ _____
☐ _____
☐ _____
☐ _____
☐ _____
☐ _____
☐ _____

NOTES:

NOTES

DAILY PLAN

DATE: _____

APPOINTMENTS:

M T W T F S S

__:__ _____

__:__ _____

__:__ _____

__:__ _____

TODAYS GOALS:

1 _____
2 _____
3 _____
4 _____
5 _____

MENU:

TO DO LIST:

☐ _____
☐ _____
☐ _____
☐ _____
☐ _____
☐ _____
☐ _____
☐ _____
☐ _____
☐ _____
☐ _____
☐ _____

NOTES:

NOTES

DAILY PLAN

DATE: _____

APPOINTMENTS:

M   T   W   T   F   S   S

___:___ _____
___:___ _____
___:___ _____
___:___ _____

TODAYS GOALS:

1
2
3
4
5

MENU:

TO DO LIST:

☐ _____
☐ _____
☐ _____
☐ _____
☐ _____
☐ _____
☐ _____
☐ _____
☐ _____
☐ _____
☐ _____
☐ _____

NOTES:

NOTES

NOTES

NOTES

NOTES